Ľubomír Hyben

Emblematik und Motive in Gryphius' "Catharina von Georgien oder Bewehrete Beständigkeit"

GRIN Verlag

Bibliografische Information der Deutschen Nationalbibliothek:

Die Deutsche Bibliothek verzeichnet diese Publikation in der Deutschen National-
bibliografie; detaillierte bibliografische Daten sind im Internet über http://dnb.d-
nb.de/ abrufbar.

Impressum:

Copyright © 2015 GRIN Verlag, Open Publishing GmbH
Druck und Bindung: Books on Demand GmbH, Norderstedt Germany
ISBN: 978-3-656-95425-5

Dieses Buch bei GRIN:

http://www.grin.com/de/e-book/299174/emblematik-und-motive-in-gryphius-
catharina-von-georgien-oder-bewehrete

GRIN - Your knowledge has value

Der GRIN Verlag publiziert seit 1998 wissenschaftliche Arbeiten von Studenten, Hochschullehrern und anderen Akademikern als eBook und gedrucktes Buch. Die Verlagswebsite www.grin.com ist die ideale Plattform zur Veröffentlichung von Hausarbeiten, Abschlussarbeiten, wissenschaftlichen Aufsätzen, Dissertationen und Fachbüchern.

Besuchen Sie uns im Internet:

http://www.grin.com/

http://www.facebook.com/grincom

http://www.twitter.com/grin_com

Name: Ľubomír Hyben

Studium: A 066 817 Masterstudium Deutsche Philologie
Masterseminar Ältere deutsche Literatur, Aufbau I

Seminararbeit

Emblematik und Motive in Gryphius´
Catharina von Georgien oder Bewehrete
Beständigkeit

Semester: WiSe 2014/2015
Lehrveranstaltung: MA Ältere deutsche Literatur: Barockes Drama

Inhaltsverzeichnis

Abstract

HYBEN, Ľubomír: Emblematik und Motive in Gryphius' *Catharina von Georgien oder Bewehrete Beständigkeit*. [Seminararbeit]. Universität Wien. Philologisch-kulturwissenschaftliche Fakultät; Masterstudium Deutsche Philologie.

Die vorliegende Seminararbeit beschäftigt sich mit Motiven und Embleme und ihrer literarischen Darstellung im Drama *Catharina von Georgien* von Andreas Gryphius. Der Zentralpunkt liegt in der Analyse der Motive und Embleme im Drama. Des Weiteren werden die verschiedenen Manifestationen dieser Motive verglichen. Ich habe versucht die Frage zu beantworten, welche Motive Gryphius verwendet und welche Funktion sie haben, was genau Emblematik bei Gryphius bedeutet, wie sie dargestellt wird und warum ausgerechnet sie das barocke Drama so stark prägt und diesen Autor so einzigartig macht.

Stichwörter: Drama, Emblem, Symbol, Märtyrertum, Beständigkeit, Stoa.

1. Vorwort

Andreas Gryphius verkörpert den deutschen Shakespeare des schlesischen Dramas der Barockzeit. Dank seiner vielfältigen Darstellung erlebte nicht nur sein dramatisches, sondern auch lyrisches Werk im Barock eine Blütezeit. Die Grundlage der Dramen bilden geschichtliche Ereignisse aus verschiedenen Zeitepochen, doch der Stoff fürs Drama *Catharina von Georgien oder Bewehrete Beständigkeit* lag zu diesem Zeitpunkt nur einige Jahrzehnte zurück.[1] Bereits der Titel des Dramas verrät dem Leser, dass es sich um eine Tragödie handeln muss, deren Stoff Gryphius aus einer wahren Begebenheit aus dem Jahren 1624 aus dem Konflikt zwischen Georgien und Persien schöpft. Mit seinem zweiten Drama und zugleich seinem ersten Märtyrer-Trauerspiel gelingt es Gryphius, den Stoff der Politik und der Religion in eine Entgegensetzung zu bringen, was für diese Epoche einen fundamentalen Kunstgriff bedeutet, da die barocke Literatur von den grauenvollen Ereignisse des Dreißigjährigen Krieges geprägt wurde. Bereits durch den Prolog der Ewigkeit mahnt Gryphius vor der Nichtigkeit und der zerstörerischen Macht des Krieges. Das Bild des Krieges und das danach anhaltende Elend der Bevölkerung sind nicht das eigentliche Thema des Dramas. Gryphius verbindet mehrere Motive, die einen Bestandteil der Tragödie machen, jedoch geht es zugleich auch um andere Stoffe, die sowohl in der Lyrik, als auch in der Epik immer wieder thematisiert werden.

In diesem Drama korrelieren mehrere Aspekte, die es besonders einzigartig machen. In erster Linie ist es das Märtyrertum, das in diesem Zeitraum keine Besonderheit darstellt und immer wieder thematisiert wird. Die weibliche Herrscherin opfert ihr Leben, indem sie ihr Volk samt ihrem Sohn durch ihren eigenen grausamen Märtyrertod rettet. Dadurch behält sie ihre Beständigkeit gegenüber dem christlichen Glauben, was auch ein wichtiges Leitmotiv des Dramas darstellt und was man auch bereits im Titel des Dramas ablesen kann. Das zweite Motiv ist die Liebe und die krankhafte Besessenheit Schah Abbas´, der durch das Ablehnen Catharinas aus Frust und Erniedrigung ihren Tod in Kauf nimmt. Dieses kann wiederum auch als ein politischer Konflikt zwischen den verfeindeten Ländern des jeweiligen Herrschers gedeutet werden. Eine wichtige Instanz des Dramas sind auch verschiedene

---

[1] Vgl. Alt, Peter-André: Der Tod der Königin. Frauenopfer und politische Souveränität im Trauerspiel des 17. Jahrhunderts. Berlin, New York: Walter de Gruyter 2004, S. 60.

Symbole, mit denen Gryphius ganz genau arbeitet und die auch in den restlichen Dramen ihren Platz finden.

2. Literaturgeschichtlicher Kontext

Wie bereits im Vorwort erwähnt wurde, handelt es sich um ein Drama, das auf einer wahrhaften Begebenheit beruhend nach mehr als dreißig Jahren verfasst worden ist. Keteván von Georgien war Königin von Georgien, Urenkelin des Kaisers Konstantin von Kartlien gewesen. Nach dem Tod ihres Mannes David hatte Keteván viele Kirchen, Klöster und Krankenhäuser erbaut, weshalb sie in der russisch-, als auch in der georgisch- und armenisch-orthodoxen Kirche als Heilige gepriesen und angebetet wird.[2] Der Schah Abbas, der mit dem christlich geprägten Land verfeindet gewesen war (es ist bekannt, dass Armenien und Georgien die ersten Länder waren, die kurz nach der Kreuzigung Christi christianisiert und somit zu den ersten christlichen Ländern in der Welt wurden), hatte gedroht, er würde Georgien ruinieren, deshalb war Keteván mit Geschenken nach Persien gegangen um mit Schah Abbas Frieden zu schließen. Sie wurde jedoch eingesperrt und der Schah hatte ihr nach zehn Jahren Haft versprochen sie zur Königin zu machen, wenn sie ihn heiratet und zum Islam konvertiert. Keteván hatte abgelehnt, danach wurde sie mit glühenden Eisenstangen zu Tode gefoltert und war 1624 in persischer Gefangenschaft gestorben. Am 13. September wird in der georgisch-orthodoxen Kirche die heilige Liturgie zur Märtyrerin Keteván abgehalten.[3]

Die wahrhafte Begebenheit liegt der literarischen Darstellung im Drama sehr nah, doch die echten Motive des Mordes an Catharina bleiben umstritten und es ist diskutabel, ob als Hauptmotiv Besessenheit, Rachsucht, verletzte Eitelkeit oder religiöser Fanatismus von Schah Abbas gedacht waren. Selbst das Drama bietet uns mehrere Möglichkeiten, wie die Grausamkeiten, die an Catharina verübt worden waren, interpretiert werden können. Es ist allerdings das erste Mal, dass die Szenen des Märtyrertodes so genau geschildert werden, und diese Darstellungen gelten als

---

[2] Vgl. Lang, David Marshall: Lives and Legends of the Georgian Saints. New York: Crestwood 1976, S. 170.

[3] Vgl. Ebda, S. 172.

die brutalsten, die uns die deutsche Barockliteratur bietet.[4] Diese wurden auch auf der Bühne mit großer Intensität inszeniert, was für die Barockzeit nicht unüblich war.

3. Gestaltung

3. 1. Gattung und Figurenkonstellation

Bei der Zuordnung dieses Dramas einer konkreten Gattung stoßen wir auf ein Problem. Der Teil des Titels *Bewehrete Beständigkeit* verweist auf eine Tragödie und selbst Gryphius nennt das Stück *Trauer-Spiel*, doch die Vielfältigkeit des behandelten Stoffes im Drama bietet uns mehrere Gattungszuordnungen an.

Die erste mögliche Zuordnung besteht im Märtyrerdrama. In dieser Gattung stehen meistens zwei Figuren gegeneinander, wobei der eine ein Protagonist, und der andere ein Antagonist ist. Es kommt oft vor, dass gegenüber dem Protagonisten auch eine größere Masse steht, die mit einer führenden Figur ausgestattet ist. „Catharina von Georgien verkörpert dabei das rechte christlich-stoische Verhalten, indem sie sich unter heroischer Überwindung der weltlichen Angst zur Weltverachtung durchringt. Im Martyrium bewahrt sie sich ihren Glauben […]. Diesem Musterbeispiel an constantia ist Chach Abas gegenübergestellt […]."[5] Die Gegenüberstellung hat hier nicht nur den kämpferischen, sondern auch politischen und intimen Hintergrund zwischen den beiden Figuren. Catharina steht vor Schach Abbas nicht nur als seine politische Gegnerin, sondern auch als die Frau, die er begehrt. Gryphius lässt Schach Abbas als einen orientalischen Despoten und Tyrannen auftreten und externalisiert damit einen Konflikt, der schon damals als eine drohende Möglichkeit in der europäischen Staatsordnung der Frühen Neuzeit angelegt ist.[6] Der Tyrann ist Sklave seiner eigenen Affekte und infolge dessen kann er nicht rational denken. Der Märtyrerheld wiederum ist im Gegensatz zum Tyrannen beständig und frei von jeglicher Rachsucht oder Habgier. Da Catharina sich nach der

---

[4] Vgl. Hong, Melanie: Gewalt und Theatralität in Dramen des 17. und des späten 20. Jahrhunderts. Würzburg: Ergon 2008, S. 125.

[5] Vgl. Ebda, S. 126.

[6] Vgl. Koschorke, Albrecht: Das Begehren des Souveräns. Gryphius' Catharina von Georgien. In: Daniel Weidner (Hrsg.): Figuren des Europäischen. Kulturgeschichtliche Perspektiven. München: Fink 2006, S. 152.

christlichen Lehre richtet, verzeiht sie ihrem Peiniger, was sie mit der Ähnlichkeit Christi assoziiert. Trotz des tragischen Todes ist am Ende die Catharina die Siegerin und „am Ende des Stückes zeigt sich, dass die göttliche providentia letztlich Catharina den Weg zur Märtyrerkrone und zur ewigen Erlösung weist [...]."[7] Ein Merkmal des Märtyrerdramas ist auch ein Blick über die Grenzen des Irdischen des Märtyrerhelden. Die erste wichtige Textstelle mit dieser Komponente wird von Catharina selbst geboten, wo sie ihr Leiden voraussehen kann: „ [...] diß mein geaengstet Haupt mehr als gewoehnlich drueckte / biß mir das klare Blut von beyden Schlaeffen lif [...]" (S. 27, V. 334-335). Die zweite wichtige Stelle mit diesem Charakter finden wir auch am Ende des Dramas, wo Catharina bereits nach ihrem Tod Schah Abbas erscheint und ihm sein Verderben vorhersagt.

Einen anderen Ansatz bietet die Gattung Geschichtsdrama. Bei diesem Dramentyp liegt der Schwerpunkt bei einem nennenswerten, zeitgeschichtlichen Ereignis, welches im Stück behandelt wird. In Catharina von Georgien sind es gleich zwei solche Ereignisse, die vorhanden sind. Es kann hier der Märtyrertod der georgischen Königin genannt werden, doch allegorisch gesehen können wir auch die Ereignisse des Dreißigjährigen Krieges in Betracht ziehen. Die Religion als eine geschichtliche Komponente spielt in den literarischen Werken eine bedeutende Rolle. Im Stück geht es um eine Entgegensetzung des Christentums und Islams als zwei sich gegenseitig bekämpfenden Rivalen, die eine Symbolik des Katholizismus und Protestantismus und ihre Rolle im Dreißigjährigen Krieg in sich tragen. Eines der wichtigsten Merkmale des Geschichtsdramas beruht darin, dass die Eigenschaften des Antagonisten, in diesem Fall diejenigen von Schah Abbas, explizit vorgeführt werden, indem er als blutrünstig, unversöhnlich, haltlos und machtversessen vorgestellt wird und am Ende seine gerechte Strafe bekommt.[8] Nach Lohensteins Anmerkungen zum Trauerspiel Ibrahim Sultan war Schah Abbas nicht ganz so grausam, wie es Gryphius in dem Drama darstellt. „Abbas scheint nach diesem Porträt als kluger Reformpolitiker, der sich aktiv um eine Versöhnung der Konfessionen bemühte."[9] Es ist daher anzunehmen, dass Gryphius absichtlich seine literarische Figur so gestaltet,

---

[7] Hong, S. 126.
[8] Vgl. Alt, S. 64ff.
[9] Ebda, S. 65.

damit sie keinerlei Sympathien beim Leser gewinnt und zugleich dem Modell des Geschichtsdramas entspricht und nicht als ambig erscheint.

3. 2. Aufbau

Das Drama besteht aus einer Vorrede an den Leser, einer kurzen Inhaltsangabe, einer weiteren Inhaltsangabe der einzelnen Abhandlungen, einer Vorstellung der Figuren und den eigentlichen fünf Abhandlungen des Dramas. Das Drama ist nach antikem Vorbild stringent, pyramidal aufgebaut, wobei die drei Einheiten der Zeit, des Ortes und der Handlung eingehalten werden. Die zielgerichtete Anlage der Handlung deutet auf ein grausames Ende der Protagonistin hin, was man bereits aus dem Titel des Dramas herauslesen kann. Im Laufe des Dramas entwickelt sich eine Lehre, bzw. eine Belehrung, die in der Überlegenheit des Überirdischen und Ewigen über das Irdische beruht. Der Reyen kommt am Ende fast jeder Abhandlung zum Ausdruck; die Ausnahme ist nur die fünfte Abhandlung, die mit dem Erscheinen Catharinas endet. Der Reyen hat eine erläuternde Funktion, mit Hilfe deren sie die Abhandlung reflektiert.

4. Leitmotive

4. 1. Prolog und das Vanitas-Motiv

Im Prolog kommt die allegorische Figur der Ewigkeit zu Wort, die vor der Nichtigkeit der weltlichen Dinge warnt. Der Schauplatz liegt voller Leichen und die Ewigkeit stellt das sterbliche Publikum vor die eindeutige Wahl: Himmel oder Hölle.[10] Der Himmel und die Hölle werden als zwei Antithesen gegeneinander gestellt[11] und in Gryphius´ Drama verhalten sie sich wie zwei dargestellte Realitäten. Die Hölle folgt dem Krieg und der Himmel kann nur dann für den Menschen errungen werden, wenn der Mensch selbst eingreift und dafür kämpft. Die Ewigkeit mahnt, dass die Herrlichkeit nur bei Gott liegt, aber das weltliche Joch dennoch zu tragen sei. Laut Hans-Jürgen

---

[10] Vgl. Feyock, Hertha T.: Das Märtyrerdrama im Barock. Boulder, Colo., Univ. of Colorado, Diss., 1966, S. 189.

[11] Vgl. Ebda, S. 189.

Schings macht Gryphius gerade die Ewigkeit zum Anwalt seines Trauerspielt, indem sie das Wort der Dichtkunst in ihren Dienst nimmt.[12] Sie kommt, um den „Blinden", wie die Ewigkeit ihr Publikum nennt, die Augen zu öffnen, damit dieses erblickt, dass die Ewigkeit als Belohnung vom Gott nicht im Irdischen zu finden ist. „Der Prolog der „Ewigkeit" ist deshalb nichts anderes, als die Anschauung gewordene, sinnbildliche Manifestation der Gryphischen Theorie des Trauerspiels. „Das Trauerspiel im ganzen [sic!] stellt sich als große Rede der Ewigkeit an die Sterblichen dar."[13] In der Figur der allegorischen, mahnenden Ewigkeit lässt sich die Figur der bereits gemarterten, verstorbenen und wieder auferstandenen Catharina wiedererkennen, die den Verbliebenen diese Botschaft über die Nichtigkeit des Weltlichen vermitteln will, „denn unter dem Pathos der Ewigkeit erst versinkt die Welt in ihre Nichtigkeit."[14] Gerade der Krieg und die zeitliche Nichtigkeit zwingen die Bevölkerung sich mit der Ewigkeit auseinanderzusetzen und sich nach ihr und damit auch nach der ewigen Zukunft zu richten, da die Gegenwart nichtig ist. Catharina hat in ihrem unzerbrechlichen Glauben und Vertrauen gegenüber Gott die wahre Tugend erkannt und bewahrt und ist nicht der weltlichen Nichtigkeit verfallen. Das alleine hat sie jedoch nicht vor dem Märtyrertod gerettet. Catharina erkennt, dass Diesseits und die Vergänglichkeit des Weltlichen keinen beträchtlichen Wert haben, verzichtet auf sie und richtet ihre Aussichten nach der Ewigkeit, doch sie reagiert menschlich, hat Angst vor ihrem grausamen Schicksal, aber der Glaube und ihre feste Überzeugung bringen sie dazu, sich ihrem Los gehorsam zu ergeben.[15] In dieser Hinsicht verhält sich Catharina wie ein typischer christlicher Märtyrer, der dem Beispiel Christi folgt.

Der Prolog hat eine einführende Funktion, die dem Leser nicht nur die Grausamkeiten des vergegenwärtigten Krieges schildert, sondern ihn auch auf die darauf folgende Folter Catharinas vorbereitet. Der Charakter des Prologs ist daher belehrend, mahnend und informativ zugleich.

---

[12] Schings, Hans-Jürgen: Catharina von Georgien. Oder Bewehrete Beständigkeit. In: Die Dramen der Andreas Gryphius. Eine Sammlung von Einzelinterpretationen. Hrsg. von Gerhard Kaiser. Stuttgart: J. B. Metzler 1968, S. 36.

[13] Ebda, S. 36.

[14] Ebda, S. 36.

[15] Vgl. Schings, Hans-Jürgen: Gryphius, Lohenstein und das Trauerspiel des 17. Jahrhunderts. In: Handbuch des deutschen Dramas. Hrsg. Von Walter Hinck. Düsseldorf: Bagel 1980, S. 54.

4. 2. Beständigkeit und Stoizismus

Philosophische Lehren und Religion sind nicht selten ein Thema in der Literatur, abgesehen davon, ob wir ältere, oder neuere Literatur berücksichtigen. Ein zutreffendes Beispiel ist das wohl bekannteste Gedicht Bertolt Brechts *Legende von der Entstehung des Buches Taotenking auf dem Weg des Laotse in die Emigration*, das er im Jahre 1938 verfasst hat, als er in Dänemark im Exil war. Dieses Gedicht verbindet in sich zwei Dinge, die Brechts Schaffen beeinflussten: sein Exil und seine Zuneigung zum Taoismus.

Ähnlich, wie dieses Gedicht, verbindet auch Gryphius die Beständigkeit Catharinas mit der um 300 v. Chr. in Griechenland entstandenen, antiken Tugendlehre des Stoizismus, deren wichtige Elemente gerade paar Jahrzehnte davor von Justus Lipsius im Werk *„De constantia in malis publicis libri duo"* (1584) aufgegriffen worden sind.[16]

In der stoischen Lehre ist das höchste Gut die Tugend – virtus. Der Stoiker soll nach seiner Überzeugung tugendhaft leben, was sich dann in seiner Freiheit und Zufriedenheit als Belohnung erweist. Das Ziel ist die absolute Freiheit, die durch den Tod und die damit verbundene Befreiung von jeglichem körperlichen Verlangen erreicht werden kann. Ein tugendhaft lebender Mensch ist bereit alle Lasten des Lebens duldsam zu ertragen. Er hat kein Mitgefühl mit dem Schicksal von anderen (stoische Apathie) und zudem die völlige Seelenruhe bzw. Unerschütterlichkeit (Ataraxie).[17] Die Beständigkeit gilt als ein wichtiges Merkmal und die Grundtugend der stoischen Lehre. Die Auffassung der Beständigkeit (constantia) erhält in der Barockzeit neue Züge und wird oft mit dem Märtyrertum in Verbindung gebracht.

Ein Merkmal der Beständigkeit ist Tapferkeit, die bei Catharina dadurch hergestellt wird, dass sie die Angst vor dem Tod mit Hilfe ihres Muts überwindet. Catharina wird zwar als mutig dargestellt, aber ihr menschlicher Trieb ist auch die Angst vor dem Tod: *„Mein leben ist beschlossen; | Doch schnaub ich in der angst"* (S. 25, V. 293). Hier wird der innere Konflikt Catharinas geäußert, weil sie am Anfang noch an

---

[16] Vgl. Schings I., S. 57.

[17] Vgl. Stadler, Xaver: Formen des barocken Stoizismus. Der Einfluss der Stoa auf die Barockdichtung. Bonn: Bouvier Verlag Herbert Grundmann 1976, S. 66ff.

Freiheit hofft. Doch erst diese Angst kann ihre wahre Beständigkeit profilieren. Ihre Angst, bzw. Furcht vor Gott ist größer, als die Angst vor dem Tod. In einem Gebet wird doch ihre Dankbarkeit Gott gegenüber erkennbar, dass ihr noch kein Leid zugefügt wurde. Doch selbst wenn es dazu kommt, wird das Catharina nicht vom Gott trennen können: *„Doch / weil du fuer uns wachst / durch keine Glut verzehrt! Du sihst daß weder Tod / noch der Verlust der Crone / Noch Vntergang deß Reichs [...] Noch Strom der Tyranney der alles schlegt vnd bricht / Mich reissen mag von dir."* (S. 85, V. 56-61).

Zu den weiteten Merkmalen der stoischen Beständigkeit ist die feste Überzeugung und Unerschrockenheit. Der geängstigte Mensch kann das Sterben als einen Kampf zwischen Himmel und Erde wahrnehmen und daher erscheint ihm Gott ebenso gewalttätig wie der Teufel.[18] Doch der christlich orientierte Stoiker, der in der Figur Catharinas verkörpert wird, sieht sein Schicksal als eine Übergangsphase aus dem Nichtigen und zeitlich Vergänglichen in das selige Ewige.[19] Am Anfang des Dramas wird die zeitliche Vergänglichkeit mit der Nichtigkeit gleichgesetzt, indem sie von der Figur der Ewigkeit kritisch betrachtet werden. Diese zwei Entitäten begleiten das Drama bis zu ihrem Ende. Auf der einen Seite steht die Zeitlichkeit, der von den Menschen viel Wert zugeschrieben wird, auf der anderen Seite die Ewigkeit, die im Prolog personifiziert wird und die uns auch von Catharina durch ihre Einstellung präsentiert wird und auf die die Sterblichen mehr achten sollten.

Die Beständigkeit ist im Drama als eine Bedingung dargestellt, durch die die himmlische Seligkeit und Erlösung von der nichtigen Welt nur dann erreicht werden kann, wenn der Stoiker seinen beständigen Geist behält und sich dem Willen Gotten ergibt. Catharina erklärt im Gespräch mit Imanculi, dass auch die zwei Entitäten – Zeitlichkeit und Ewigkeit in Macht Gottes stehen. (S. 90, V. 188). Ihre Überzeugung davon, dass ihre Beständigkeit ihr die Absolution bringt, wird auch in diesem Gespräch erkennbar: *„Wer fuer die Wahrheit stirbt kann nimmermehr verterben"* (S. 90, V. 83). In den weiteren Versen wird das Gespräch mit der Verteidigung des

---

[18] Vgl. Stadler, S. 69.

[19] Vgl. van Ingen, Ferdinand: Die schlesische Märtyrertragödie im Kontext zeitgenössischer Vorbildliteratur. Märtyrerdrama und Märtyrerbuch, in: Daphnis 28 (1999), S. 481- 528, S. 489.

christlichen Glaubens fortgesetzt. Catharina bewahrt ihre Beständigkeit und versöhnt sich schließlich mit ihrem Schicksal:

> *„Ich nehme dises Pfand der ewig-treuen Huld*
> *In tif'ster Demut an / Ich / die mit offnen Suenden*
> *Die Flammen / die dein Zorn vnendlich heist entzuenden /*
> *Durch meine Schuld erwarb / bin nicht der Gnade werdt."* (S. 106, V. 80-83)

4. 3. Catharina als politische und christliche Märtyrerin

Die Figur Catharinas wird nicht nur als tiefgläubige Christin, sondern auch als politische Herrscherin und opferbereite Mutter dargestellt. Die Tatsache, dass ihr Land immer wieder von den benachbarten muslimischen Persern bedroht wird, bringt sie zum Entschluss, sich auf den Weg zu Schah Abbas zu begeben. Man kann daher von Catharina nicht nur als rein christlicher Märtyrerin sprechen. Ein weiteres Argument für ein politisches Profil der Figur ist die Tatsache, dass der Gesandte aus Russland stammt. Deshalb könnte man ihn als einen christlichen Verbündeten Catharinas betrachten. Im Vers *„Ist diß denn Abas Wort? ist Persen so zu trauen?"* (S. 111, V. 189) kommt ein Misstrauensausdruck christlichen Russlands gegenüber den muslimischen Persern vor, was zur Folge hat, dass sich Russland später entschließt, die Souveränität Georgiens auch militärisch zu unterstützen.[20]

Catharina als politische Herrscherin begibt sich auf den Weg nach Persien, um mit Schah Abbas zu verhandeln und um Frieden zwischen den beiden Ländern zu bitten. Diesen Vorgang kann man nicht als rein politisch deuten, da man diese Bitte auch als ein christliches Zeichen sehen kann. Sie steht vor ihm nicht nur für sich selbst sondern auch für ihr Volk, dessen Freiheit sie bei dem Tyrannen erkämpfen will. Szarota betont hiermit, dass Politik und Religion keinesfalls als Widersprüchlichkeiten zu betrachten sind und sich diese vereinbaren lassen.[21] Catharina hoffte zuerst auf ihre Freilassung, doch es war ihr wichtig, dass ihr Land und ihr Volk frei bleiben und ihr Sohn die Regierung übernimmt. „Außer sich, nun aber vor Freude, ist Catharina,

---

[20] Vgl. Szarota, Elida Maria: Künstler, Grübler und Rebellen. Studien zum europäischen Märtyrerdrama des 17. Jahrhunderts. Bern/München: Francke Verlag 1967, S. 206.

[21] Vgl. Ebda, S. 206.

als man ihr berichtet, daß [sic!] Tamaras auf ihren Thron zurückgekehrt sei [...] Von nun an ist Catharina über alle irdische Furcht und Hoffnung hinaus [...]."[22] Sie hat keine Angst mehr um ihr Volk oder um ihr Land, weil sie weiß, dass ihr Sohn Tamaras im Land in ihrem Sinne weiter herrschen wird, doch sie hat Angst vor dem Tod, die weiterhin vorhanden bleibt.

Catharina ist also eine politische, als auch eine christliche Märtyrerin. Der Grund, warum sich Catharina auf den Weg nach Persien begab, war die politische Situation zwischen ihrem Land und dem Land der Perser. Der Grund, warum sie den qualvollen Opfertod auf sich genommen hat, ist jedoch ein anderer. Catharina nimmt das Angebot der Ehe und der Krone von Schah Abbas deswegen nicht an, weil es ihr ihre christlichen Wertvorstellungen und Prinzipien nicht erlauben. Das Konvertieren zum Islam betrachtet sie als Verrat an ihrem Gott und Volk zugleich, die Ehe mit Schah Abbas wiederum als Verrat an ihrem verstorbenen Ehemann. Aus politischer Sicht wäre das eventuell für sie denkbar, Schah Abbas zu heiraten und damit ihr Land in Sicherheit vor weiteren Angriffen seitens der Perser zu bringen, doch die Vorstellung, einen muslimischen Tyrannen zu heiraten ist ihrer christlichen Überzeugung zuwider und deswegen entscheidet sie sich für den Märtyrertod.[23] Für Catharina ist Liebe Gottes mehr wert, als ihr irdisches Leben auf der Seite von Schah Abbas.

„Entscheidend für das christliche Märtyrertum, [...] sind nicht die Zustände der Angst und der Angstfreiheit, sondern zum einen die *Art* der Angst, [...] zum anderen ihr Wechsel: das Moment der Umkehr."[24] Laut Bähr ist der Einfluss des Jenseits auf Catharina so intensiv, dass sie ihre Angst überwindet. Er erklärt diese Umwandlung durch das christliche Bekenntnis, die, so Bähr, immer eine Um- und Abkehr bedeutet.[25] Catharina gelingt es erst dann ihre Angst zu überwinden, indem sie begreift, dass nicht der Kerker von Schah Abbas, sondern die nichtige Welt ein Kerker für sie ist. In dem Tod sieht sie die Befreiung von diesem Kerker und die

---

[22] Schings I., S. 61.

[23] Vgl. Szarota, S. 208.

[24] Bähr, Andreas: Furcht und Furchtlosigkeit. Göttliche Gewalt und Selbstkonstitution im 17. Jahrhundert. Göttingen: V & R unipress 2013, S. 159.

[25] Vgl. Ebda, S. 159.

Umkehr beruht darin, dass sie dann als Erscheinung dem Schah Abbas die Angst heimzahlen kann.

4. 4. Liebe als Leitmotiv

Das Motiv der Liebe ist eines der stärksten und am häufigsten interpretierten Motive überhaupt. Bei Catharina von Georgien wird dieses Motiv mit anderen Leitmotiven kontrastiert. Zuerst drückt Catharina die Liebe zu ihrem Volk bzw. Land, ihrem Sohn und zu Gott aus. Die Liebe zu ihrem Volk ist nicht nur reine politische Pflicht, sondern auch ein Zeichen der Verbundenheit, da die georgischen und armenischen Christen in ihrem christlichen Glauben auch ein starkes Nationalbewusstsein empfinden. Die Liebe zum Sohn ist eine klassische Mutterliebe, die Catharina durch den Verzicht auf die Krone und Herrschaft beweist. In der ersten Abhandlung spricht Salome mit Catharina über ihren Sohn, dem es gelungen ist, aus der Gefangenschaft freizukommen: *„Der Sturm der Angst vergeht! die Last von meinem Hertzen Verfaellt auff diese Stund! Ach / Ketten / Noth vnd Stein Sind mir ein Kinderspiel / mein Sohn! wenn dich allein Der Blitz nicht hat beruehrt! mein Sohn du nu entgangen! Mein Sohn! nu du regirst nun bin ich nicht Gefangen!"* (S. 28, V. 366-370). Die Mutterliebe ist hier auch mit der Liebe zum Vaterland verquickt. Diese Stelle kann auch als Angst um die Zukunft Georgiens interpretiert werden, die Catharina zu diesem Zeitpunkt noch nicht überwunden hat.

Die wichtigste Darstellung der Liebe ist diejenige zu Gott als auch zu den christlichen Werten und zu Catharinas verstorbenem Ehemann. Die überzeugende Darstellung der Gefühle für den verstorbenen König lässt erkennen, dass Catharina von Anfang an keine andere Chance hatte, dem grausamen Tod zu entgehen. Im Kontrast zu Catharinas göttlicher, geistiger Liebe steht die menschliche, körperliche Liebe von Schah Abbas, die ihn zum affektvollen Verhalten zwingt.[26] Die menschliche Liebe von Schah Abbas wird als das Vergängliche, und die geistige Liebe Catharinas als das Ewige und Tugendhafte dargestellt. „Liebe im Märtyrerdrama hat für [Gryphius] […] nur dann einen tiefen Sinn, wenn sie der Probierstein für den Märtyrer oder die Märtyrerin ist, wenn an seinem oder ihrem Widerstand gegen die Liebe die Stärke

---

[26] Vgl. Szarota, S. 212.

und Unerschütterlichkeit des Glaubens sich bewähren kann."[27] Schah Abbas lässt Catharina einsperren und versucht mit Gewalt sein Gewinn zu beweisen, doch die Liebe zu Catharina, die ihn schwächt, macht eigentlich ihn zum Besiegten. In seiner Selbstverliebtheit und Überheblichkeit kann er das nicht ertragen, wenn Catharina sein Eheangebot letztendlich ablehnt, und lässt sie am Scheiterhaufen verbrennen. Catharinas Geist hat aber dank der bewahrten Beständigkeit, Liebe und Vertrauen gegenüber Gott mehr Macht, als Schah Abbas und kommt am Ende doch als richtende Siegerin zurück.

Abbas liebt Catharina nicht nur wegen ihrer körperlichen, sondern auch wegen der geistlichen Schönheit und Tugend (S. 52, V. 89-92). Sie ist eine vernünftige, beständige Frau, die sich ihrem Peiniger nicht einfach unterwirft, sondern ihr Schicksal selbst in ihre Hand nimmt. Schah Abbas´ verliebte Worte über Catharina wie *„zarte Lilje"* mit *„Lippen aus Corall"* und *„der Augen helle Stern"* (S. 52, V. 94-96) verwandeln sich ganz schnell in einen Wahn. Die Liebe überwächst in einen schädlichen, verwerflichen Affekt, der nicht nur die Geliebte, sondern paradox auch den Liebenden vernichtet.[28] Die Liebe bei Abbas ist kein selbstloses Gefühl, sondern eine barbarische Leidenschaft, die Frau zu besitzen. „Dass seine Liebe, auch wo sie die Tugend zu lieben vorgibt, so tugendhaft nicht ist, zeigt sich nicht allein darin, dass sie von Catharina verschmäht wird, sondern auch in dem Umstand, dass der Liebende im Ernstfall eher die Geliebte opfert als seine Liebe."[29] Die Liebe von Abbas ist im Gegensatz von der Liebe Catharinas von weltlichen und körperlichen Trieben gesteuert und später verwandelt sich diese in verletzte Eitelkeit und Rachsucht.

4. 4. Gewaltdarstellung

Die Gewalt als Leitmotiv wird von Anfang an, bereits im Prolog der Ewigkeit, bis zum Schluss des Dramas in einzelnen Gewaltattacken geschildert. Diese Schilderungen tragen dazu bei, dass das Drama zu denen mit den brutalsten Gewaltszenen zu zählen ist, egal ob wir *Catharina von Georgien* oder auch andere Trauerspiele

---

[27] Szarota, S. 212.

[28] Vgl. Bähr, S. 164.

[29] Ebda, S. 164.

Gryphius, wie z. B. *Leo Armenius* in Betracht ziehen. In den jeweiligen Gewaltdarstellungen spiegeln sich die Ereignisse und das Bild der Barockzeit wider, die Gryphius selbst miterlebt hat und in seinen Dramen vermittelt. Bereits der Prolog vermittelt die erste Gewaltattacke, die sich zwar bereits abgespielt hat, dennoch ein schreckliches Bild voller Leichen hinterlassen hat. „So ertönt auch der Bericht ihres [Catharinas] Lebens, nach kurzen Glückstagen eine endlose Unglückskette: Abfall eines Schwagers, die Ermordung ihres Mannes und Schwiegervaters, die Zerstörung Georgiens, ihre Kerkerhaft, die Verjagung des Sohnes Tamaras uns sein ungewisses Schicksal."[30] Des Weiteren erfahren wir im Laufe des Dramas von dem Krieg zwischen Persien und Georgien, als auch von den Auseinandersetzungen der Figuren (Catharina, Schah Abbas, Meurabs und Tamaras). Die Gewalt wird also nicht nur seitens Schah Abbas´ ausgeübt, sondern sie dient als auch Verteidigungs- oder Rachemittel der eher friedlichen Königin Catharina. In der dritten Abhandlung berichtet sie über die Vergeltung des Bruder- und Vatermordes: *„Printz Alexanders Volck / das mit jhm (doch gezwungen) Zurueck auß Persen kam / vnd seine Schar gestreckt; begoent als Tod deß Vater-Moerders merckt Die scharffgewetzte Kling´ in Persens Blut zu baden / Das durch die Feder floß. Der Strom drang schwer beladen Von Leichen vnd verstopfft. Kurtz, was nicht vns anhing; Was nicht durch schnelle Flucht errettet ward; verging."* (S. 72, V. 206-212). Allerdings ist die Vergeltung Catharinas als Rückschlag, bzw. Reaktion auf Schah Abbas´ ungerechtfertigte Attacke zu verstehen. „In den Hintergrunderzählungen werden kriegerische und gewalttätige Handlungen nicht schlechthin als Greuel [sic!] und Unrecht gebrandmarkt. [...] Catharina handelt vollkommen im Rahmen der legitimen *potestas* einer Fürstin, die Mann und Schwiegervater rächt, indem sie deren Mörder besiegt und seine Anhänger tötet."[31] Man muss hier jedoch betonen, dass Gryphius Catharina als keine blutrünstige Mörderin darstellt, weil sie bloß die Soldaten von Schah Abbas tötet und die unschuldige Bevölkerung von ihrer Rache verschont.

Das Gegenteil gilt aber nicht für Schah Abbas, der Catharinas Land geplündert und die Bevölkerung mehrmals angegriffen hat. Der Gesandte Demetrius erinnert an die Ereignisse des Angriffs Persiens in der ersten Abhandlung folgendermaßen: *„Wie offt*

---

[30] Heselhaus, Clemens: Gryphius. Catharina von Georgien. In: Benno von Wiese (Hrsg.): Das deutsche Drama. Vom Barock bis zur Gegenwart. Interpretationen. Düsseldorf: August Bagel Verlag 1958, S. 45.

[31] Hong, S. 145.

ward vnser Land mit eignem Blut befleckt; Nach eurem Vntergang! wie offt fil auff die Leichen Der Mutter / jhre Frucht? die Schwester must erbleichten Ins Brudern kalten Arm / der Strom floß gantz gefaerbt Von Edlen die das Schwerdt der Persen hat verderbt." (S. 30, V. 424-428). Das Stichwort „Edlen" kann in diesem Fall als allegorische Bezeichnung für unschuldige Bevölkerung, bzw. für Frauen, Greise, Witwen und Kinder interpretiert werden, was den scharfen Rückschlag Catharinas gegen das Soldatenheer von Schah Abbas rechtfertigt.

Von anderen Gräueltaten des Schah Abbas´ wird direkt über Aussagen der Figuren informiert, der Reyen der erwürgten Fürsten informieren durch ihre allegorische Benennung indirekt.[32] Eine interessante Figur ist in dieser Hinsicht der ambivalent dargestellte Reichsrat Meurab. Er gilt als Feind, weil er, wie Catharina berichtet *„den Wahn der Persen angenommen"* hat, doch dadurch, dass seine Frau und Kinder vor seinen Augen geschändet und getötet wurden (S. 32, V482-483), entscheidet er sich dafür, zuerst den Unterworfenen von Schah zu spielen und seinen Glauben zu leugnen, später aber Georgien im Krieg gegen den Schah anzuführen und seine Rache auf eine grausame Art und Weise zu verwirklichen.[33] Trotzdem gewinnt Meurab keine Sympathie des Lesers, da er infolge seines Traumas gotteslästerlich redet und daher als kein gerechter Kämpfer bezeichnet werden kann, auch wenn er sich durch die Aussage *„Mein Christus wird dich stuertzen [...]"* (S. 39 V. 685) selbst zum Kämpfer Gottes erklärt. Das einzige, was Meurab motiviert, ist keine Gerechtigkeit, sondern nur Hass, der im Gegensatz zu ihm bei Catharina fehlt, weil sie in der Gewalt vonseiten Schahs keine Strafe Gottes sieht. Demetrius summiert in einem Gespräch mit Catharina die Gräueltaten und Verbrechen von Schah Abbas, der im Gegensatz zu Catharina und Meurab ganz andere Motive hat, Gewalt auszuüben:

> *„Die Vntrew damit er die treuen Dienste zahlte / List / Grimm / Verraetherey / Trug / Meineyd / Trotz vnd Gifft / Die Moerde so von jhm begangen als gestifft / Das vngerechte Recht / die duppel-falsche Zungen Die Sinnen / Die durchaus nach eigen Nutz gerungen. Den Greuel damit er sein Weib vnd Kind betruebt; Als er ins Vatern Aug´ vnmenschlich hat veruebt*

---

[32] Vgl. Bruschel, Peter: Sterben und Unsterblichkeit. Zur Kultur des Martyriums der Frühen Neuzeit. München: Oldenbourg Wissenschaftsverlag 2004, S. 100.

[33] Vgl. Hong, S. 145.

Was man nicht nennen darff." (S. 39, V. 678-685).

Eine der wohl brutalsten Szenen des ganzen Dramas ist diejenige, in der die drastische Folter und der Märtyrertod Catharinas beschrieben werden. Eine Vordeutung des Märtyrertodes ist Catharinas Traum, den ihr Salome in auf S. 28 in Versen 353-358 interpretiert. „Der Traum stellt eine doppelte Attacke dar, die sich gegen das Königtum der Catharina und gegen ihre Tugend gleichermaßen richtet."[34] Schah Abbas geht es nicht nur darum, das Königreich zu zerstören, sondern auch die Reinheit Catharinas und ihre Beständigkeit zu brechen. Abbas will über Catharina seine Macht ausüben, da es ihm aber nicht gelingt, wird er infolge seiner Selbstverliebtheit und Überheblichkeit von einem starken Affekt geleitet, der ihn zur nächsten Gewalttat veranlasst.

Schah Abbas, Catharina und Meurab handeln in ihrem eigenen Interesse auch mit Verwendung der Gewalt, doch alle drei durch unterschiedliche Anlässe motiviert. Schah Abbas tötet und quält ohne jeglichen Grund, was ihn zum Tyrannen macht.[35] Meurab ist seit dem Mord an seiner Familie traumatisiert und sinnt nur noch auf Rache, wobei er Doppelgesichtigkeit nutzt um an seinen Feind heranzurücken. Catharina ist eine bedachte Herrscherin, die politisch denkt und für ihr Volk Verantwortung trägt, deshalb greift sie auch zur Waffe, wenn ihr Land oder Volk bedroht werden, doch sie rächt auch die Morde an ihren Verwandten. Die Rache an Schah Abbas wird zwar vorausgesagt, aber im Drama kommt sie nicht mehr vor.

5. Emblematik

Die Emblematik bildet einen wichtigen Teil der Literatur, der sie mit der Kunst und Philosophie verbindet. Die Embleme sind nach dem Einsetzen rhetorischen Figuren und Tropen das zweitwichtigste Kriterium für gute Komposition literarischer Texte.[36] Die bildliche Sprache der Emblematik stellt eine Art Rätsel auf, das für erfolgreiche

---

[34] Alt, S. 68.

[35] Vgl. Hong, S. 146.

[36] Vgl. Scholz, Bernhard F.: Emblem und Emblematik. Historische und systematische Studien. Berlin: Erich Schmidt 2002, S. 16.

Interpretationen aufgeschlüsselt werden muss. Auch im Drama *Catharina von Georgien* werden zahlreiche Embleme und Symbole verwendet, die dem Drama eine besondere Künstlichkeit verleihen.

5. 1. Religion

Im Drama wird der Glaube der Hauptfiguren als zwei sich gegenüberstehende Antithesen dargestellt. Bei Catharina handelt es sich um den christlichen Glauben, der für das georgische Volk einen Teil ihrer christlichen, aber auch nationalen Identität bildet. Catharina ist eine gläubige Christin, die sich in ihrem ganzen Leben nach ihrem Glauben richtet. Das Einzige, wo man sagen könnte, dass sie gegen ihre christlichen Prinzipien handelt, ist die Rache am Heer von Schah Abbas. Die christliche Religion verbietet jegliche Rache, die laut der Bibel nur Gott gehört: „Die Rache ist mein; ich will vergelten […]" Diese Worte sind in 5. Mose, Kapitel 32, Vers 35 zu finden.

Gegenüber Catharina und ihrer Religion stehen muslimische Gesandten Persiens und Schah Abbas. Seinelcan und Imanculi weisen gewisse Ähnlichkeiten auf. Beide sind vernünftig und identifizieren sich nicht mit der Absicht Schahs, Catharina zu töten, dennoch überreicht Imanculi das Ultimatum Schahs an Catharina und liefert sie später dem Henker aus.[37] Der Charakter Imanculis ist durch die Sklaverei und Ergebenheit dem tyrannischen Herrscher gekennzeichnet; auch er ebenso wie sein Herr, richtet sich nur nach dem Nichtigen. „Da ihm der Glaube an Ewiges fehlt, kann ihm nicht wie Catharina im Sterben das Licht der Ewigkeit leuchten, sondern ihm ist der Tod ewige Finsternis."[38] Erst bei der Verhaftung erkennt er dies mit den Worten *„Wer so verfinstert wird hat nimals mehr geschinen."* (S. 110, V. 174). Das Streitgespräch mit Imanculi bekommt in Catharinas Auseinandersetzung (S. 83, V. 3ff) eine höhere theologische Ebene, als sie ihre innerliche Vermählung mit Christus beteuert[39] und dadurch den Verzicht auf Abbas´ verlockende Angebote erklärt.

---

[37] Vgl. Feyock, S. 214.
[38] Ebda, S. 214.
[39] Vgl. Heselhaus, S. 53.

Auch Seinelcan ist ein vernünftiger Rat, doch die Unbeständigkeit ist sein typischer Charakterzug. Er weiß jedoch, wie er Schah Abbas ansprechen soll, um ihn für seine Zwecke zu verwenden. Abbas lässt sich von Seinelcan manipulieren, weil er selbst unbeständig ist; der einzige Fall, wo er sich nichts diktieren lässt, ist sein Liebeswahn.[40] Gryphius stellt die Nicht-Christen als diejenigen dar, die unbeständig sind, die ihr Wort nicht halten und denen man nicht trauen kann. Im Gegensatz zu diesen zeichnen sich seine christlichen Figuren durch Tugendhaftigkeit und aufrichtige Ergebenheit aus. Die zwei Religionen als emblematische Instanz verkörpern nicht nur persönliche Einstellungen der Figuren, die ihr Handeln beeinflussen, sondern sie spiegeln auch die Zeitepoche wider, in der Andreas Gryphius gelebt hat. Die Religion wird bei den Nicht-Christen als Instrument zum Ausüben des Bösen dargestellt. In der ersten Abhandlung V. 867 wird Catharinas Gott-Verlobtheit erklärt. „Diese „Gott-Verlobtheit", die Catharinas „Stehen" allererst verbürgt, legt dann den Reyen der vierten Abhandlung endgültig als die „heylige=Ewige" Liebe aus."[41] Die Religion vermittelt hiermit die martyrologische Metaphorik der mittelalterlichen Braut- oder Passionsmystik.[42]

5. 2. Körperlichkeit

Die Ebene des Körpers ist mit der Gewalt eng verbunden. Bevor die Stufe des Märtyrertums eintritt, wird im Drama die irdische Dimension des Körpers dargestellt, die wir hiermit näher beobachten wollen.

Der Körper hat bereits im Prolog eine bedeutsame Aufgabe, denn die Ewigkeit, die wir rückblickend als mahnende Catharina deuten können, steigt vom Himmel herab und wird (zumindest auf der Bühne) in einen menschlichen Körper versetzt.

Der Körper Catharinas wird zunächst über die erotische Bedeutung eingeführt.[43] Schah Abbas „Liebe" besteht nicht aus edlen Gefühlen, sondern aus körperlicher Gier, die ihn beim Anblick auf Catharinas schönen Körper überwältigt. Die

---

[40] Vgl. Heselhaus, S. 49.

[41] Schings I., S. 69.

[42] Vgl. Ebda, S. 70.

[43] Vgl. Alt, S. 65.

Überredung zum Verbrechen von Seinelcan hat auch zu Schahs Sehnsucht nach Catharina und dem darauf folgenden Liebeswahn beigetragen und damit kommt der Topos der Gewalt ins Spiel, der Politik und Sexualität verknüpft.[44] Im Gespräch zwischen Schah Abbas und Catharina wird die Körperhaltung Catharinas beschrieben, die der Leser aus zwei Perspektiven sehen kann: der für Abbas unerreichbare Körper der christlichen Königin und der anmutige Körper einer schönen Frau.[45]

Die Verletzung ihres Körpers bedeutet für die Königin nicht nur Angriff auf sie selbst, sondern auch auf die Souveränität ihres Landes und somit bekommt der sexuelle Übergriff eine politische Dimension. „Die Konstruktion der mystischen Verschmelzung des Königs mit seinem Imperium beruht auf einer Ökonomie der Zuordnungsbeziehungen, nach welcher der Herrscher sich den Untertanen inkorporiert und diese wiederum in seinem Leib repräsentiert werden."[46] Der Angriff gegen Catharinas Körper wird als ambivalent interpretiert.

Bei der Hinrichtung Catharinas wird der Körper durch glühende Zangen geschändet und aus dem anziehenden Körper der Königin wird Körper einer Märtyrerin. Die Entkleidung Catharinas ist ein wichtiges Symbol, um ihr ihre Dignität zu rauben.[47] Dieser Vorgang gilt nicht nur als öffentliche Erniedrigung, sondern auch als Entbindung des Amtes und ist daher auch ambivalent. „Der Leib der Märtyrerin [ist] durch einen symbolischen Sinn erfüllt, der sich aus der zeichenhaften Funktion ihres Leidens als Verweis auf die Idee der Erlösung ableitet."[48] Die Erlösung bedeutet in diesem Fall einen qualvollen Tod, der jedoch in Catharinas Augen als eine Befreiung vom Vergänglichen und Nichtigen, bzw. als Übergang ins Ewige wahrgenommen wird.

---

[44] Vgl. Alt, S. 65.

[45] Vgl. Müller, Jan-Dirk: Das Gedächtnis des gemarterten Körpers im spätmittelalterlichen Passionsspiel. In: Claudia Öhlschläger und Birgit Wiens (Hrsg.): Körper – Gedächtnis – Schrift. Berlin: Erich Schmidt Verlag 1997, S. 75-92.

[46] Alt, S. 69.

[47] Vgl. Ebda, S. 70.

[48] Ebda, S. 71.

5. 3. Das Emblem der Rose und des Schiffes

Im Streitgespräch mit Schah Abbas hält Catharina eine Rose in der Hand. Die Rose steht im Drama als Symbol für Schönheit einerseits und für Vergänglichkeit andererseits. In der roten Farbe könnte auch das vergossene Blut Catharinas, bzw. ihres oft angegriffenen Volkes gedeutet werden.[49] Der Rose wird in der Literatur immer wieder viel Bedeutung zugeschrieben, da diese Blume als Symbol für mehrere Motive verwendet werden kann. Catharina sieht in den Rosen eindeutig die Vergänglichkeit allgemein, aber auch das anrückende Ende ihrer Herrschaft in Georgien und den Tod: *„So / wie die Rose ligt / must auch mein Zepter brechen / Die Dornen fuehl ich noch die vnauffhoerlich stechen."* (S. 26, V. 317-318) Die Rosen verkörpern hier eindeutig nur den kommenden Untergang Catharinas,[50] doch die Dornen erinnern auch an den steinigen Weg Catharinas, also Kriege zwischen Georgien und Persien und Catharinas Schicksalsschläge.

Ebenso ambivalent erscheint auch das Emblem des Schiffes in der zweiten Abhandlung:

> *„[...] wie ein zuschmettert Schiff Auff hart-bewegter See bald in das Schwartze tiff Deß grausen Abgrunds stuerzt / bald durch die blauen Lueffte Mit vollem Segel rennt / bald durch die engen Klueffte Der scharffen Klippen streicht; so handelt uns Noth / Versprechen / Eyfer / Lieb / Haß / Rache / Qual und Tod."* (S. 59, V. 263-268).

In erster Linie versteht man darunter das Leben von Schah Abbas, das als Blatt im Wind dargestellt wird. Das Schiff im Sturm ist unbeständig und wird von den Wellen des Meeres, hier also von äußeren Einflüssen geleitet. Seine Hinterhältigkeit zeigt nicht die Stärke seines Willens, sondern die Kraft der unbeständigen Affekte, auf Grund deren er handelt, was er später wieder bereut.[51] Er schwankt zwischen Übermut, Grausamkeit, aber auch zwischen Liebe und Reue. Das Emblem des Schiffes erscheint hier daher als ambivalent, weil man es auch als ein Symbol des menschlichen Lebens interpretieren kann. Das Leben Catharinas wäre dann eine Schifffahrt, die durch irdische Kümmernisse in den Hafen fährt. Die Fahrt als Übergang in den Hafen (Ewigkeit) wird durch das Zerschmettern (Märtyrertod)

---

[49] Vgl. Szarota, S. 209.

[50] Vgl. Heselhaus, S. 45.

[51] Vgl. Heselhaus, S. 39.

emblematisch ausgedrückt. Das Paradox ist, dass das Schiff trotz des Zerschmetterns den Hafen (Ewigkeit) erreicht hat.

5. 4. Imitatio Christi

Die Erscheinung Catharinas am Ende des Dramas ist ein Emblem für die Auferstehung Christi. So erfüllt sich der Heilssinn der bewahrten Beständigkeit, indem Catharina einen neunen, himmlischen Körper erhält und zum Werkzeug der göttlichen Rache wird.[52] Im orientalischen Sinne kann man am Beispiel der Auferstehung Catharinas auch den Vogel Phönix deuten, der nach der Vernichtung des Körpers aus der Asche aufersteht und einen neuen Körper gewinnt, sprich Modus der physischen Selbstregeneration.[53] Es kann jedoch ausschließlich als christliches Motiv gelesen werden, das als Abwendung von dem Weltlichen und Hinwendung zum Ewigen gilt. Durch den Verlust des irdischen Körpers verliert Catharina jedoch die Rolle der Herrscherin nicht. „Auch als Repräsentantin der *passio Christi* bleibt Catharina die Königin, die durch politische Denkmodelle bestimmt wird."[54] Das apokalyptische und eschatologische Ende des Dramas verweist jedoch auf dessen Anfang: auf die Devisen der Ewigkeit, die nicht nur den Gang des Trauerspiels regieren, sondern sie schreiben auch ein Verfahren vor, das den Blick durch das Geschehen im Drama stets auf Gryphius´ perspektivischen Punkt richtet: die Ewigkeit.[55] Die Ewigkeit und die restlichen Motive und Embleme bilden hiermit eine fundamentale Basis fürs barocke Drama, die Gryphius einsetzt.

6. Schlussfolgerung

Das Ziel der vorliegenden Arbeit war, die Motive und Embleme im Drama *Catharina von Georgien oder Die bewehrete Beständigkeit* von Andreas Gryphius zu analysieren. Es wurden Beobachtungen verschiedener Forscher vorgestellt, wobei ich versucht habe, diese zusammen mit meinen eigenen Interpretationen zusammenzubringen.

---

[52] Vgl. Schings I., S. 71.
[53] Vgl. Alt, S. 78.
[54] Ebda, S. 79.
[55] Vgl. Schings I., S. 72.

Für das barocke Werk Gryphius´ sind mehrere Faktoren wichtig. In erster Linie sind das unterschiedliche Darstellungen der Symbole und Embleme in seinen Dramen. Was seine Werke besonders auszeichnet, ist die streng gebaute Form der Dramen, das Einhalten der drei Einheiten, das eigenartige Spiel mit der Bildsprache, die Reimgestaltung und literarische Mittel wie Metaphern und Symbole, als auch Motive, deren Gryphius sich bedient. Die Leichtigkeit und die hinter verschiedenen Metaphern und Allegorien versteckte Verständlichkeit seiner Sprache machen das Drama zu einem Meisterwerk. Das Werk Gryphius zeichnet sich durch ein Novum aus, das bisher von keinem anderen Autor der Barockzeit gewagt wurde.

Diese Experimente zeichnen sich dadurch aus, dass Gryphius mehrere Instanzen verbindet, die mehrdeutig interpretiert werden können. Die Motive und ihre Vielfalt sind reichlich auch in anderen Dramen Gryphius´ vertreten.

Ich hoffe, dass meine Arbeit kein uninteressantes Lesen war. Ich empfehle den Lesern zugleich, nicht nur *Catharina von Georgien oder Die bewehrete Beständigkeit*, sondern auch die restlichen Dramen von Andreas Gryphius zu lesen, die sich mit verschiedenen Aspekten der damaligen Literatur beschäftigen. Diese Literatur versucht uns das Tor zum Verstehen und Begreifen der Kunst und Kultur der Barockzeit zu öffnen.

7. Literaturverzeichnis

Primärliteratur

Gryphius, Andreas: Catharina von Georgien, Hrsg. Alois M. Haas. Stuttgart: Philipp Reclam jun. 2008.

Sekundärliteratur

Alt, Peter-André: Der Tod der Königin. Frauenopfer und politische Souveränität im Trauerspiel des 17. Jahrhunderts. Berlin, New York: Walter de Gruyter 2004.

Bähr, Andreas: Furcht und Furchtlosigkeit. Göttliche Gewalt und Selbstkonstitution im 17. Jahrhundert. Göttingen: V & R unipress 2013.

Bruschel, Peter: Sterben und Unsterblichkeit. Zur Kultur des Martyriums der Frühen Neuzeit. München: Oldenbourg Wissenschaftsverlag 2004.

Feyock, Hertha T.: Das Märtyrerdrama im Barock. Boulder, Colo., Univ. of Colorado, Diss., 1966.

Heselhaus, Clemens: Gryphius. Catharina von Georgien. In: Benno von Wiese (Hrsg.): Das deutsche Drama. Vom Barock bis zur Gegenwart. Interpretationen. Düsseldorf: August Bagel Verlag 1958.

Hong, Melanie: Gewalt und Theatralität in Dramen des 17. und des späten 20. Jahrhunderts. Würzburg: Ergon 2008.

Koschorke, Albrecht: Das Begehren des Souveräns. Gryphius' Catharina von Georgien. In: Daniel Weidner (Hrsg.): Figuren des Europäischen. Kulturgeschichtliche Perspektiven. München: Fink 2006.

Lang, David Marshall: Lives and Legends of the Georgian Saints. New York: Crestwood 1976.

Müller, Jan-Dirk: Das Gedächtnis des gemarterten Körpers im spätmittelalterlichen Passionsspiel. In: Claudia Öhlschläger und Birgit Wiens (Hrsg.): Körper – Gedächtnis – Schrift. Berlin: Erich Schmidt Verlag 1997, S. 75-92.

Schings, Hans-Jürgen: Catharina von Georgien. Oder Bewehrete Beständigkeit. In: Die Dramen der Andreas Gryphius. Eine Sammlung von Einzelinterpretationen. Hrsg. von Gerhard Kaiser. Stuttgart: J. B. Metzler 1968.

Schings, Hans-Jürgen: Gryphius, Lohenstein und das Trauerspiel des 17. Jahrhunderts. In: Handbuch des deutschen Dramas. Hrsg. Von Walter Hinck. Düsseldorf: Bagel 1980.

Scholz, Bernhard F.: Emblem und Emblematik. Historische und systematische Studien. Berlin: Erich Schmidt 2002.

Stadler, Xaver: Formen des barocken Stoizismus. Der Einfluss der Stoa auf die Barockdichtung. Bonn: Bouvier Verlag Herbert Grundmann 1976.

Szarota, Elida Maria: Künstler, Grübler und Rebellen. Studien zum europäischen Märtyrerdrama des 17. Jahrhunderts. Bern/München: Francke Verlag 1967.

van Ingen, Ferdinand: Die schlesische Märtyrertragödie im Kontext zeitgenössischer Vorbildliteratur. Märtyrerdrama und Märtyrerbuch, in: Daphnis 28 (1999), S. 481- 528.